Keine Märchen aus 1001 Nacht

Faten El-Dabbas ist Berlinerin mit palästinensischen Wurzeln. Geboren 1990 in Pirmasens, aufgewachsen in Berlin. Nach dem Bachelor in Politik, Verwaltung und Öffentliches Recht schloss sie 2016 den Masterstudiengang Politikwissenschaften an der Universität Potsdam ab.

Faten El-Dabbas arbeitete neben ihrem Studium als freie Mitarbeiterin für die Öffentlichkeitsarbeit bei der internationalen Diplomatenausbildung im Auswärtigen Amt. Die Kommunikation politischer Inhalte nach außen interessiert sie sehr, doch mehr noch die Kommunikation ungerechter Geschehnisse in Deutschland, Nahost oder weltweit.

„Meine Texte sind oftmals gesellschaftskritisch-politisch mit einer persönlichen Note. Ein besonderes Anliegen ist für mich der Nahost-Konflikt und seine Wahrnehmung gerade in Deutschland. Für viele ist es nur ein politisches Thema, für mich jedoch ein sehr persönliches.

Vor 2012 war ich noch nie in Palästina. Durch Erzählungen meines Großvaters und das Lesen der Werke von Mahmud Darwish lernte ich aber meine Heimat aus Beschreibungen kennen und lieben und gleichzeitig durch Darwish die Leidenschaft zum Schreiben. Er hat gewissermaßen meinen Schreibstil beeinflusst."

Sabrine Chahbi, Deutsch-Tunesierin aus Berlin. Nach ihrem Abitur in Tunesien absolvierte sie den Bachelor in Romanistik und den Master in Amerikanistik an der Humboldt-Universität zu Berlin. Sie ist Mitarbeiterin bei Zenith - Zeitschrift für den Orient und hat eine große Leidenschaft für politischen Journalismus und Poesie.

Zeinab A. Hammoud, 17 Jahre jung aus Berlin, studiert Architektur an der Universität der Künste. Neben dem Illustrieren entwirft sie Mode, die sich sowohl an muslimische als auch nicht-muslimische moderne Frauen richtet.

1. Auflage Herbst 2016
2. Auflage Frühjahr 2017

© Cosmics Verlag 2016
© Faten El-Dabbas, 2016

Konzeption: Faten El-Dabbas
Layout und Satz: Johannes Wolfesberger
Druck und Bindung: BookPress, Olszyn
Printed in Polen

ISBN 978-3-9817922-1-8

Keine Märchen aus 1001 Nacht

Faten El-Dabbas

Übersetzung: Sabrine Chahbi
Illustrationen: Zeinab A. Hammoud

COSMICS VERLAG

Inhalt

10   Blockade öffne dich
12   Morgenland
14   Heimsucht
16   Traumzeit
18   Legenden
20   Nour, Jenin, Said, Amal und Khalil
22   Grüße über Grenzen hinweg
24   Schrei(b) Freiheit
26   Wir sind Dichter
28   Abendgedanken an Gaza
30   Heimat auf den Lippen
32   Du sollst vergessen
34   Sehnsucht
38   Traurige Schönheit
40   Hier sollten Tauben fliegen
44   Kollektivstrafen
46   Des einen Narbe, des anderen Wunde
48   Wir haben nichts
50   Starke Menschen weinen nicht
52   Malak, kleiner starker Engel
56   Von Randnotizen und Schlagzeilen
58   Terroralarm
60   Ich soll verurteilen, was geschah
64   Mensch, es wird Zeit
66   Hoffnungsschimmer
68   Himmelgrün
72   Flüchtling
74   Reise nach Jerusalem
80   Kein Märchen aus 1001 Nacht
86   Wir Palästinenser sind Menschen

Gedichte

Blockade öffne dich!

Ich mache Ali Baba nach und rufe:
> *Blockade öffne dich!*
> *Blockade öffne dich!*
> *Blockade öffne dich!*
Aber nichts geschieht.
Und ich habe keinen Teppich
um über die Mauer nach Jerusalem zu fliegen
und ich kann Sindbads Segel nicht setzen
weil sie meine See blockieren
Frieden,
du bist so fern
wie 1001 Nacht. [1]

---

[1] Auszug aus „Kein Märchen aus 1001 Nacht". Vgl. S. 80.

إفتح الباب وفكّ الحصار

أقلدُ علي بابا وأصيح
إفتح الباب وفكّ الحصار
إفتح الباب وفكّ الحصار
إفتح الباب وفكّ الحصار
لكن الباب ما فُتح ولا الحصار قد رُفع
ولا أملك سجادا
كي أطير فوق الجدار إلى القدس
ولست بسندباد البحار ولا يسعني الإبحار
فبحرنا كذلك في حصار
والسلام بعيد جدا كحكايات ألف ليلة وليلة

Morgenland

Da,
wo die Sonne
uns wach küsst
und das Meer
unsere Tränen wegspült
da
lass uns hin,

...Hand in Hand
gen Morgenland.

بلد الغد

هناك
حيث تقبلنا الشمس لنستيقظ
حيث يمسح البحر دموعنا
دعونا نسر إلى هناك
يدا بيد
إلى بلد الغد

Heimsucht

Sehnsucht sucht mich heim
Heimat such' ich sehnsüchtig

in wärmenden Sonnenstrahlen
die mich morgens wecken
und an sehnsuchtsvollen Orten
wo wir uns vor dem Hass verstecken

in wohlbekannten Klängen der Oud[2]
die mich in den Schlaf wiegen
und unverwechselbaren Gerüchen
die mich zu dir ziehen

in der Tiefe des Mittelmeeres
dessen gewaltige Kraft ich wünschte zu haben
und in den Bergen des Karmel[3]
die mich nach meinen Wurzeln fragen

sehnsüchtig rufe ich dich
und der Ruf der Heimat sucht mich heim.

---

[2] Kleines, arabisches Saiteninstrument.
[3] Ein 23 Kilometer langes und 8 bis 10 Kilometer breites Gebirge im Nordosten
des heutigen Israels bei Haifa.

حنين للوطن

يبحث عني الحنين
وأنا أبحث عن الوطن بحنين
أبحث عنه
مع الفجر
وعند الغسق
وفي أشعة الشمس كل صباح
أبحث عنه في أماكن الحنين
حيث نختبئ نحن الاثنين سويا من الكره
أبحث عنه في رنات العود المألوفة
تلك التي ترافقني حتى المنام
أبحث عنه في الروائح والأنسام
تلك التي توقظ فيا الحنين
أبحث عنه في أعماق البحار
وفي جبل الكرمل الذي يسألني عن الأجداد

بحنين وشوق أناديك
ونداء الوطن يناديني

Traumzeit

Ich schließe die Augen
und blicke in deine,
ich sehe in ihnen eine Karte
von einer Welt,
die darauf wartet geboren zu werden
im Embryo der Zeit
umhüllt von sieben Schichten Freiheit
und ihre Erde riecht nach Würde
und ihre Meere sind gefüllt mit Liebe
und ihre Berge sind gebaut auf Courage
Herzen leben ohne Sorge.
Ja, in deinen Augen
sehe ich eine Welt,
in der das Land ein Spiegel des Himmels ist
und überall grünes Gras der Hoffnung wächst.

وقت الحلم

أغلق عيني
لأنظر في عينيك
فأرى فيها خارطة لعالم آخر
عالم ينتظر أن يولد
عالم سيولد من رحم الزمن
محاط بسبع طبقات من الحرية
ولأرضه عبق الكرامة الإنسانية
بحوره بالحب مملوءة
وجباله من الشجاعة مخلوقة
قلوب تعيش دون قلق
نعم في عينيك أرى عالما فيه الأرض مرآة للسماء
وأعشاب الأمل تنمو به في كل الأرجاء

Legenden

Manchmal gleichen Menschen Legenden,
weil das Auge sie vergeblich sucht,
aber das Herz kennt die Quellen
der Liebe,
die auf ewig im Innern ruht.

Und manchmal gleichen Länder Legenden,
weil das Auge sie vergeblich sucht,
aber das Herz kennt die Quellen,
der Hoffnung,
die in allen Sprachen nach Gerechtigkeit ruft.

الأساطير

أحيانا يكون الناس كالأسطورة
تبحث عنهم العين عبثا
ويحمل القلب لهم حبا دون حدود
حبا إلى أبد الآبدين عنوانه الخلود

وأحيانا تكون البلدان كالأساطير
تبحث عنها العين عبثا
ولا يفقدها القلب أملا
فالأمل أن تكون للأساطير حقيقة
والأمل أن تكون في الدنيا عدالة
ليصبح للأسطورة وجود

Nour, Jenin, Said, Amal und Khalil

Nour[4] hält vergeblich Ausschau
nach einem Regenbogen
zwischen Durst und Hunger
Demütigung und Unfrei-Sein.

Es ist nicht übertrieben
wenn Jenin[5] sagt:
"Wir kämpfen um das Überleben.
Doch wo ist die Moral? Wir kämpfen allein."

Tränengas, Checkpoints und Siedlungen
sind die ersten Vokabeln, die Said[6] lernt.
Sein Name macht ihm nicht alle Ehre
denn das Glück wird dem Kleinen verwehrt.

Verschwommen der Blick in die Zukunft
an Hoffnung wir uns festklammern
wie Amal[7] an die Hand ihres Mannes Khalil[8]
der nachts wortlos abgeführt wird.

---

[4] Weiblicher Vorname, arabisch für *Licht*.
[5] Weiblicher Vorname. Palästinensische Stadt in der Westbank.
[6] Männlicher Vorname, arabisch für *glücklich*.
[7] Weiblicher Vorname, arabisch für *Hoffnung*.
[8] Männlicher Vorname, arabisch für *Freund*. *Al-Khalil* ist auch die arabische Bezeichnung für Hebron, der zweitgrößten palästinensischen Stadt in der Westbank.

نور، جنين، سعيد، أمل وخليل

نور تنتظر دون جدوى أن ترى خيوط قوس قزح
تنتظر بين العطش والجوع
وبين الذل والقيود
وليس في قول جنين مبالغة إذا قالت
نحن من أجل البقاء نقاتل
لكن أين القيم ونحن في وجه العدو فرادى والعالم إلينا غير ناظر
قنابل مسيلة للدموع، نقاط تفتيش ومستوطنات
هذه أولى الكلمات التي تعلمها سعيد
وحروف اسمه لا يعرفها
معنى سعيد ولا يعرف
ويبقى المستقبل غامضا
لكننا بالأمل نحيا
وكذلك تحيا أمل
رغم أن خليلا إلى السجن ليلا قد أمر

Grüße über Grenzen hinweg

Die Fahne der Prophezeiung weht von den Schiffen
der Gipfel der Freiheit ist noch nicht ergriffen
der Belagerungszustand hält uns fern
von Tinte und Papier
der Versuch, dem Alltag zu entkommen,
scheitert hier.
Und unsere Traumbilder reisen
von Land zu Land
die Umrisse unserer Gefängnisse verdrängend
auch Grenzen genannt
der Tag verwischt nicht die Verbrechen der Nacht
er zeigt die Narben des Vortags
und die Sonne wacht
über den Himmel des Albtraums -
jeder Stern steht für des Gefallenen Leid
und zugleich für den Wunsch nach Frieden,
nach Gerechtigkeit.

تحية من قَلْب مُحْتَلّ

علم السلام يرفرف فوق السفن في رؤانا وفي الأحلام
ولكن لم نبلغ قمة جبل الحرية إلى الآن
يبعدنا عن الحبر والورق الحصار
نحاول أن ننسى ولكن محال
وصور أحلامنا تسافر من بلد إلى بلد
تخرج من شقوق الجدران، من خلف السجن والحصار
لا يمحي جرائم الليل النهار
بل يظهر ندوب الأمس الكحيل
وتحرس الشمس فلك الكابوس المرصع بالنجوم
كل نجمة فيه ترمز للمعاناة وللأمل في غد جديد
غد فيه سلام عادل لا حروب فيه ولا تشريد

Schrei(b) Freiheit!

Im Spiegel meines Unterdrückers
im Schatten meiner Freiheit
schreibe ich heute Worte nieder
aneinandergereiht
sie nach einem Ende schreien
sie gehen in sich
doch kein Ende in Sicht!

Mein Zustand sich widerspiegelt im Schriftzug
in meinen Worten suche ich Zuflucht
tauche unter, schreibe im Dunkeln
auf dass sie das Dunkle erhellen
auf dass ich übertrete die Schwellen
und mein Gegenüber
kein mir Überlegener
mehr ist.

Zugeklebt mein Mund
in Fesseln meine Hände
doch schreibe ich die Worte nieder
schreibe sie immer wieder
auf Papier und Zellenwände
aneinandergereiht
sie nach einem Ende schreien –

auf dass morgen die geliebte Freiheit
meinen Worten Stimme verleiht
auf dass morgen diese Worte
meiner Freiheit Flügel verleihen.

أصرخ/ أكتب حرية

على مرآة المحتل
وفوق ظل حريتي
اكتب اليوم كلمات اصطفت
لتصرخ "لابد من وضع حد"
لكن لا نهاية في الأفق
تعكس الحروف والكلمات حالتي
وابحث عن ملجأ لي في كتاباتي
اغوص واكتب في الظلام
على أن تضئ الكلمات عتمتي
املا أن اتجاوز بنورها العقبات
مغلق فمي
مكبلة يدي
لكني اكتب الكلمات
أعيد كتابتها مرارا وتكرارا
على الأوراق وعلى جدران الزنزانة مرارا
مصطفة هي الكلمات
تصرخ "لابد من وضع حد"
من أجل غد تهب فيه الحرية لكلماتي صوتا
من أجل غد تمنح فيه الكلمات لحريتي أجنحة

Wir sind Dichter

Wir sind Dichter.
Wir haben es mehr mit der Sehnsucht
als mit der Erfüllung.
Wir gehen Hand in Hand
mit der Melancholie.
Und mit der anderen Hand
winken wir dem Glück zu. Aus der Ferne.
Tag ein Tag aus sind wir dabei niederzuschreiben,
was uns niederwirft.
Die Last der Welt auf unseren Schultern.
Und zwischen den Zeilen atmet die eigene Last.
Wir sind ständig dabei zu rekapitulieren.
Antworten zu suchen auf gestrige Fragen.
Das Puzzle zu vervollständigen mit fehlenden Worten.
Wir sind Dichter.
Zu uns gesellt sich die Einsamkeit.
Und für uns singt die Sehnsucht.
In Moll. Weil es einfach schöner klingt.

Vielleicht, will ich aber kein Dichter mehr sein.
Vielleicht, will ich dir nur dichter sein.

نحن الشعراء

نحن الشعراء
نحن دوما في حنين
حنين للأمس وحتى للغد المجهول
نحن الشعراء
نسير مع الحزن يدا بيد
وباليد الأخرى نلوح للسعادة من بعيد
نكتب يوما بعد يوم ما يقتل فينا الأمل
ونحمل هموم العالم فوق أكتافنا
وبين السطور تقرأ أحزاننا
نلخص ما جرى
ونبحث عن أجوبة لأسئلة الأمس
نحل اللغز ونكمل كلماته المفقودة
نحن الشعراء
لنا تنضم الوحدة
ولنا يغني الحنين بحزن
ولأغاني الحزن نغمة جميلة

ربما سئمت وحدة الشعراء
ربما أريدك فقط أن تملأ هذا الفراغ الرهيب

Abendgedanken an Gaza

Land geteilt, Siedlungen vervielfacht
kein Recht auf Rückkehr
Recht schreibt und bestimmt die Besatzungsmacht.

Freiheit im Schutt erstickt, Häuser zerstört
die kaputte Schule ist das neue Zuhause
das dich Verlust und Widerstand lehrt.

Menschen tot, Sehnsucht lebt
die Dichtung ist der neue Freund
der dir abends Hoffnung in dein Bett legt.

غزة

قسمت الأرض وتضاعفت المستوطنات
ولا حق في العودة
والقانون يكتبه المحتل
خنقت الحرية تحت الأنقاض
ودمرت المنازل
وأصبح خراب المدرسة بيتا جديدا
يعلمك معنى الخسارة والمقاومة
يموت الناس ويعيش الحنين
ويغدو الشعر الصديق الجديد
الصديق الذي يملأك أملا وقت المغيب

Heimat auf den Lippen

Atempause,
Feuerpause
für eine Tasse Tee,
damit ich sie genieße
im Schein der Kanonen
und mich der Geschmack der Minze
erinnert an mein Zuhause,
das mich sehnsüchtig ruft
zwischen einem Knall
und dem Schrei eines bekannten Fremden,
das mich sehnsüchtig ruft
über Berg und Tal
inmitten von Lebenden und toten Legenden.

Der Geschmack der Minze, legendär
ist er,
tot aber nicht
noch mein Zuhause
noch bin ich es,
solange ich mit jedem Schlucke
in dieser Atempause
Feuerpause
Heimat auf meinen Lippen schmecke.

طعم الوطن

هدوء، هدنة لوقف إطلاق النار
هدنة لشرب كوب من الشاي
كي استمتع به في ضوء المدافع
ونكهة النعنع في فنجان الشاي تذكرني بالبيت
بيتي الذي يناديني بشوق
بين دوي السلاح وصرخة غريب معروف
بيتي الذي يناديني بشوق
فوق الجبل وبين الوديان
بين أساطير الأحياء والأموات
نكهة النعنع أسطورة
أسطورة لم تمت
كذلك بيتي
وكذلك أنا
ما دمت اتذوق في كل رشفة شاي في هذا الهدوء
طعم الوطن على شفتاي

Du sollst vergessen

Du sollst vergessen
den Ort, der in weiter Ferne liegt
den Boden, den du nie berührtest
die Momente, die du selbst nicht erlebtest
und doch siehst du den Ort und die Ereignisse vor deinen Augen.

Du sollst vergessen
den Schmerz, der deiner Familie widerfahren ist
die Wunden, die sich in deinem Gedächtnis eingebrannt haben
all' die Erzählungen, die deine Sehnsucht stärken
und die in Träume münden, in denen sich Hoffnung verbirgt.

Du sollst vergessen
den Duft im Garten deines Großvaters,
der darin pflanzte für eine blühende Zukunft,
doch sie blühte nicht
sie blutete.

Und sie sagen dir:
„Du sollst vergessen".
Du aber erwiderst:
„So schenkt mir ein Gedächtnis für das Vergessen".

يجب أن تنسى

يجب أن تنسى
ذلك المكان البعيد
تنسى الأرض التي لم تدس ترابها يوما
تنسى اللحظات التي لم تعشها وهي تعيش فيك
يجب أن تنسى
تنسى الألم الذي عاشه أهلك
تنسى الجراح المحفورة في ذاكرتك
وتنسى كل القصص التي تؤجج الحنين فيك
تلك القصص التي تدفن في أحلامك ويختبئ فيها الأمل
يجب أن تنسى
تلك الرائحة في حديقة جدك، أين زرع الأمل
لكن الأمل لم يزهر بل صار ينزف دما
ثم يقولون لك: عليك أن تنسى
فترد: اهدوني ذاكرة للنسيان

Sehnsucht

Ich schreibe heimlich diesen Text für dich,
ich träume wie ich mit dir den Sonnenuntergang
am Strand in Haifa verbring',
ich lese heimlich, wie sie von deinem Krankheitszustand
berichten, aber sie lügen mich an.
Sie verheimlichen mir, wie es dir wirklich geht
ich forsche und frage nach, wie es wirklich um dich steht
ich sorge mich heimlich um dich,
ich höre heimlich Stimmen von dir,
wie du nach Hilfe rufst, wie du uns alle zu dir rufst,
wir in der ganzen Welt verteilt
und du allein.
Aber du hast so viele Stimmen,
die uns alle erreichen
und du hast
mein Herz genommen, bevor du mich fragtest
mir die Sehnsucht gelehrt, bevor ich dich kannte
meine Wunde verschärft, bevor sie richtig brannte
meine Liebsten vergraben, bevor ich sie umarmte.
Aber du konntest nichts dafür. Nicht du.

Ich begrüßte dich heimlich wie bei einem Besuch
eines engen Freundes hinter Gittern
ich fühlte wie ein Gitter
unserer Umarmung im Weg stand
ich fühlte wie ein Fenster
mir die Berührung deiner Hand
verboten hat.
Und allen, die dort standen und mich ausfragten,
verheimlichte ich unsere Pläne:

مقتطفات من الحنين

أكتب لك هذا النص خلسة
وأحلم بغروب الشمس معك في شاطئ حيفا
أقرأ سرا تقارير عن حالتك الصحية
ولكنهم يكذبون والحقيقة عني يخفون
وأسأل وأبحث كيف أنت
وأخاف سرا عليك
وأسمع أصواتا منك
أسمعك تنادي، تنادينا جميعا لننقذك
نحن المهجرون في كل مكان
وأنت الوحيد منذ زمان

لكن أصواتك تصلنا
وقد أخذت قلبي مني دون سؤال
علمتني الشوق إليك قبل أن أعرفك
وبرز الجرح قبل أن أحترق
ودفن الأحبة قبل أن أحتضنهم
وليس بيدك حيلة
أحييك سرا
وتحول بيننا القضبان
وتمنع عناق الأحبة
وتحول بيننا النوافذ
وتمنع لمس الأيادي
وأخفيت أحلامنا عن كل السائلين
أحلامي معك في يافا، في غزة في القدس وفي جنين
أريد أن نزور رام الله ونابلس والخليل
وهذا فليكن سرنا الدفين
لأن ألوانا غريبة غطت ترابك
لأن أشخاصا غرباء وضعوا ختما خاطئا في جوازي
لأنهم لا يريدون أن نلتقي
لأنهم قادوني لغرفة الاستجواب المعتمة الصغيرة
وغيري تحت أشجار النخيل يحتمي من شمس الظهيرة
لماذا أنا؟
لما قادوني في الظلمة قبل أن أرى النور
قبل أن أقبل ترابك يا فلسطين

Ich will mit dir nach Jaffa, nach Gaza,
nach Jerusalem und Jenin!
Ich will mit dir nach Ramallah, nach Nablus, Khalil,
ich will mit dir so viel!

Aber all das und mehr ist unser stilles Geheimnis,
nur für diesen Moment am Flughafen
lass es unser Geheimnis sein
weil, falsche Farben dich umhüllten
weil, falsche Menschen
mir einen falschen Stempel
in meinen Pass druckten
weil, diese Menschen mich nicht zu dir lassen wollten
und mir stattdessen einen roten Teppich ausrollten,
der mich in den Untersuchungsraum führt,
während sie sich schon am Ausgang unter Palmen vor der
knallenden Sonne schützen!

Warum ich?
Warum musste ich erst durch die Dunkelheit
bevor ich deine Sonne sehen durfte
bevor ich deinen Geruch einatmen durfte?[9]

---

[9] Auszug aus „Sehnsucht". Jerusalem/Berlin, 2012.

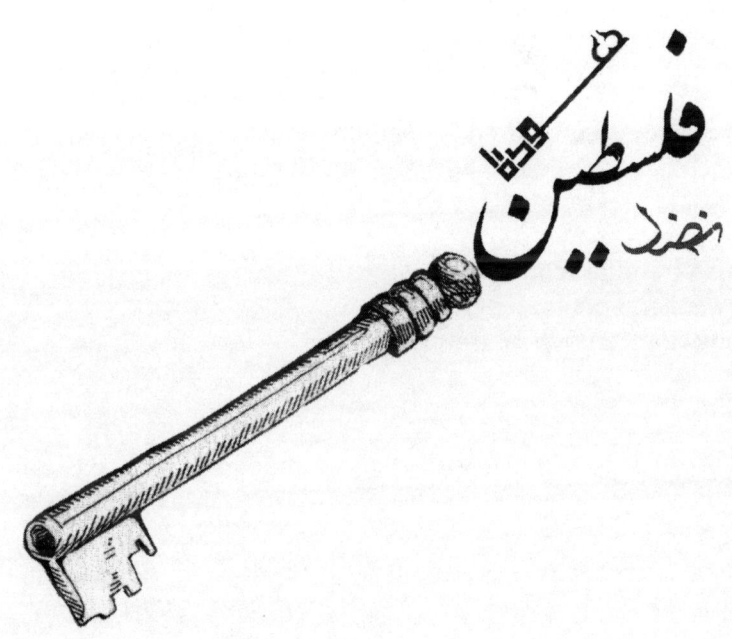

Traurige Schönheit

Unser Land
hat einen himmlischen Horizont
doch seine Wunden sind viel näher

unser Land
hat ein schwebendes Dach aus Wolken
doch die Kriegsflieger machen es schwer

unser Land
leuchtet wie ein Juwel in der Nacht
doch für das Licht sorgen Bomben aus Stahl

unser Land
hat einen traumhaften Sonnenaufgang
doch das sich widerspiegelnde Blut ist real

ja, unser Land
eine traurige Schönheit
zwischen begrenzter Freiheit
und grenzenloser Hoffnung!

جمال حزين

وطننا له أفق بديع
لكن جروحه أقرب إلينا من الأفق

لوطننا سقف عائم من الغيوم
أثقلته طائرات الحروب

وطننا يضيء كجوهرة في الليل
تنيره قنابل من حديد

لشروق الشمس في وطننا لون خيالي
لكنه انعكاس لدماء اريقت في الحروب

نعم، وطننا جمال حزين
بين حرية مقيدة
وأمل بلا حدود

Hier sollten Tauben fliegen

Hier sollten Tauben fliegen
nicht F16-Flugzeuge und Steine.
Hier sollten Kinderwagen rollen
nicht Panzer.
Hier sollte es um Menschenleben gehen
nicht um das Streben nach Macht.
Auch hier sollten internationale Konventionen gelten
nicht nur für antiwestliche Länder.
Hier sollte die Sonne auf dem Tempelberg scheinen
nicht Olivenbäume durch salzige Tränen eingehen.
Hier sollte die Stadt der Religionen Vorbild sein
nicht Schauplatz von Unterdrückung und Krieg.
Hier sollte aus der Geschichte gelernt werden
um sie nicht zu wiederholen.
Hier sollten Kinder auf dem Fußballplatz stehen
nicht stundenlang an Checkpoints.
Hier sollten junge Männer nicht fallen
sondern Mauern.
Hier sollten Gebete erhört werden
nicht der Gang zu Gotteshäusern verboten werden.
Hier sollten sich Grenzen auflösen
und nicht Träume.
Ja, hier sollten Tauben fliegen
nicht F16-Flugzeuge und Steine!

حرية

هنا يجب أن يطير الحمام

هنا يجب أن يطير الحمام
وليس الصواريخ والحجر
هنا يجب أن تسير عربات الأطفال
لا المدرعات الحديدية والأغلال
هنا يجب أن يكون السلام قضية
بدل الصراع على السلطة والكراسي الوهمية
هنا أيضا يجب تطبيق الاتفاقات الدولية
ليس فقط في البلدان التي تعارض السياسة الغربية
هنا يجب أن تشرق الشمس فوق القدس المنسية
ولا تموت أشجار الزيتون من الدموع الملحية
هنا يجب أن تكون مدينة الأديان للأديان رعية
لا أن تكون مسرحا لجرائم وحشية
هنا يجب ألا يكون التاريخ منسيا
ونتعلم منه معنى الإنسانية
هنا يجب أن يقف الأطفال على ساحات الملاعب
وليس على نقاط التفتيش بالساعات عشية
هنا يجب أن تسقط الجدران
لا أحلام الرجال الوردية
لا أرواح الرجال النقية
لا أن تغلق طرق المصليات
هنا يجب أن تمحى الحدود
لا أحلام الحرية
هنا يجب أن يطير الحمام
وليس الصواريخ والحجر

Kollektivstrafen

Teil 1: Ihre Reaktion

Die Entführten[10] suchen
die dann tot gefunden waren
nicht die Täter suchen
sondern kollektiv strafen
ein gesamtes Volk bestrafen
seine Souveränität brechen
Militäroffensive, Feuerhagel
nichts wissen wollen von Menschenrechten.

Teil 2: Die internationale Reaktion

Weiß-blaue Flagge vor den Augen
also blind und taub sein
und den Mund verschlossen
sie sehen nur drei Tote als tot
nicht aber die zehn seit zwei Wochen
sie sehen nicht, wie tot wir schon sind
seit Jahrzehnten wurde uns Frieden versprochen
ja, seit Jahrzehnten wurde uns Frieden versprochen!

Epilog:
Keiner weiß, wer die Mörder sind
die Mörder der drei Jungen.
Jeder weiß, wer die Mörder sind
die Mörder der Unschuldigen.

---

[10] Am 12. Juni 2014 wurden drei israelische Jugendliche in der besetzten Westbank entführt. Israel reagierte mit hunderten von Festnahmen und Toten in der Westbank – der größte Einsatz der israelischen Armee seit der zweiten Intifada im Jahr 2005. Es folgte eine über sechs Wochen andauernde Militäroffensive Israels auf Gaza *„Operation Protective Edge"*. Die Entführung wurde dagegen nicht aufgeklärt.

عقاب جماعي

ردة فعلك
تبحث عن المختطفين
تجدهم موتى
لا تبحث عن الجناة
لكن تعاقبهم جمعا
وتكسر سيادة الأرض
هجوم عسكري ووابل من النيران
لا تعرف عن حقوق الإنسان شيئا
ردة الفعل الدولية
علم أبيض وأزرق ونجمة في الوسط
كن أعمى وأصم
وتعلم ألا تفتح الفم
ترى الموتى موتى إن كانوا من ذاك البلد
أما الآخرون
فهم مجرد أرقام على ورق
ولا ترى أننا موتى بروح وجسد
ووعود السلام نسمعها منذ عقود
نعم عقود من الزمن
خاتمة
لا أحد يعرف القاتل
قاتل الأولاد الثلاثة
لكن الجميع يعرف القاتل
قاتل الأبرياء دون عدد

Des einen Narbe, des anderen Wunde

Ich versuchte dich leise zu wecken
vorsichtig, um dich nicht zu erschrecken
höflich, so wie es sich gehört
sanft, damit du meine Bitte erhörst.

Doch alles nützte nichts
und ich wurde jedes Mal aufs Neue enttäuscht
ich drängte schließlich damit in die Öffentlichkeit
wurde laut mit meinem Ruf nach Gerechtigkeit.

Und während Land für Land auf der Welt
Palästina anerkennt
bleibst du stehen und weigerst dich vehement
als wärst du eingefroren
dir gelingt kein Schritt nach vorn.

Ach, Deutschland
ich kenne das Leid, das deine Vorfahren taten,
aber die Palästinenser erleben Leid seit über 67 Jahren!
Ja, die Vertreibung der Palästinenser, sie hat stattgefunden,
du aber hast deine Vergangenheit nicht überwunden.

Und so bleibt deine Narbe
unsere täglich schmerzende Wunde.

قيود الماضي

أحاول بهدوء ايقاظك
بحذر كي لا تخاف
بلطف كما وجب
بنعومة كي تسمع دوما ندائي
لكن لا شيئا من هذا نفع
وفي كل مرة يخيب الأمل
فلم يكن لي غير الصراخ حل
أنادي بحثا عن عدالة
بلدا تلو البلد تعترف بفلسطين البلد
وتبقى أنت ساكنا
كما لو كنت جامدا
لا ترى ذاك البلد
وانا أعلم أن ماضيك يكبلك
لكن السكوت عن الحق بغي
والتاريخ يعيد نفسه منذ سبع وستين عاما
في بلد غير هذا البلد

وتظل الندبة فيك
جرحا يؤلمنا كل يوم

Wir haben nichts!

Wir haben nichts
als eine Wand aus Worten
an die wir uns lehnen.
Wir haben nichts
als himmelweite Versprechen
nach deren Erfüllung wir uns sehnen.
Wir haben nichts
als Blut getrocknete Erde
von der wir Geschichte und Gegenwart lernen.
Wir haben nichts
als den Körper unseres Vaters
in diesem weißen Tuch als Erbe.
Wir haben nichts
als tiefe leere Blicke
statt liebende Dialoge.
Wir haben nichts
als den Umriss eines Lächelns
und wieder erstarren die Gesichtszüge.
Wir haben nichts
als stumpfe Lieder verzweifelter Hoffnung
ohne Akkord.
Wir haben nichts
als das Gefühl zu leben
verloren.

لا نملك شيئًا

لا نملك شيئًا
سوى حائط من الكلمات
نسنِد عليه ظهورنا

لا نملك شيئًا
سوى وعودٍ بعيدة كالسماء
نحلم أنها يومًا ما
ستكون قريبة منا كالثّرى

لا نملك شيئًا
سوى أرض جفّت بالدماء
نتعلم منها الماضي والحاضر ههُنا

لا نملك شيئًا
سوى جسد أبينا ،ارث
لُفَّ في قطعة قماش أبيض توارثتها أجيال

لا نملك شيئًا
سوى نظرات فارغة عميقة
بدلا من الحوار

لا نملك شيئًا
سوى بقايا إبتسامة
وملامح وجه حزينة

لا نملك شيئًا
سوى أغاني يائسة بلا لحن ولا موسيقى

لا نملك شيئًا
سوى النُفور من هذه الحياة التعيسة

Starke Menschen weinen nicht

Starke Menschen weinen nicht
starke Menschen haben ein Lächeln im Gesicht
starke Menschen weinen nicht
sagte man uns als Kind.

Und so presste ich damals
wenn ich fiel, meine Lippen
zusammen
und wenn meine Hose riss
senkte ich meinen Blick zu Boden
aus Angst
denn starke Menschen weinen nicht
sagte man uns als Kind.

Heute sind es nicht mehr Löcher in der Hose
heute sind es Löcher im Herzen
keine Schürfwunde,
sondern das Gefühl enttäuscht zu werden.

Starke Menschen weinen nicht
sagte man uns als Kind
starke Menschen weinen nicht
schon gar nicht wenn sie erwachsen sind.

Doch vergaß man uns zu sagen, dass die Stärke
nicht in den Augen sitzt, sondern im Herzen
das die größte Liebe zeigt
trotz verborgener Schmerzen.

الأقوياء لا يبكون

الأقوياء لا يبكون
دوما على وجههم إبتسامة
الأقوياء لا يبكون
هكذا علمونا في الصغر
ولهذا السبب ضغطت بقوة على شفتي حين وقعت
كي يبقى الدمع في جوف العين ولا يسيل على الخد
وعندما تمزق سروالي
نظرت إلى الأرض بخوف
فالأقوياء لا يبكون
هكذا حدثونا في الصغر
واليوم لم تعد الثقوب في سروالي
بل صارت جروحا في ذاك الفؤاد
جروحا من خيبة الآمالِ
الأقوياء لا يبكون
هكذا حدثونا في الصغر
الأقوياء لا يبكون خاصة في الكبر
لكن نسوا أن يخبرونا أن القوة لا تكمن في العيون
بل في القلوب التي تحمل حبا عظيما
رغم الألم

Malak, kleiner starker Engel

Sie ist die Jüngste
die Jüngste
die eingesperrt wurde
als Jüngste
sie von ihren Eltern getrennt wurde
als Jüngste
sie den Weg von der Schule nicht nach Hause schaffte
die Jüngste
weil Israels Recht sie ins Gefängnis brachte.

Israel, welches Recht?
Ein Recht, das Unrecht zum Recht macht?
Unrecht ist, dass du dich Demokratie nennen darfst
während du Kinderseelen hinter Gittern sehen magst.

Sie ist die Jüngste
und du hast ihr die Freiheit entzogen
sie ist die Jüngste
und du hast ihr das Kindsein verboten
verboten mit Kuscheltieren einzuschlafen
und einem Guten-Morgen-Kuss aufzuwachen
verboten mit Freunden zu streiten und sich zu vertragen
und als Kind frei zu leben.

Weil sie einen Stein in die Hand nahm?
Weil sie einen Stein in die Hand nahm?

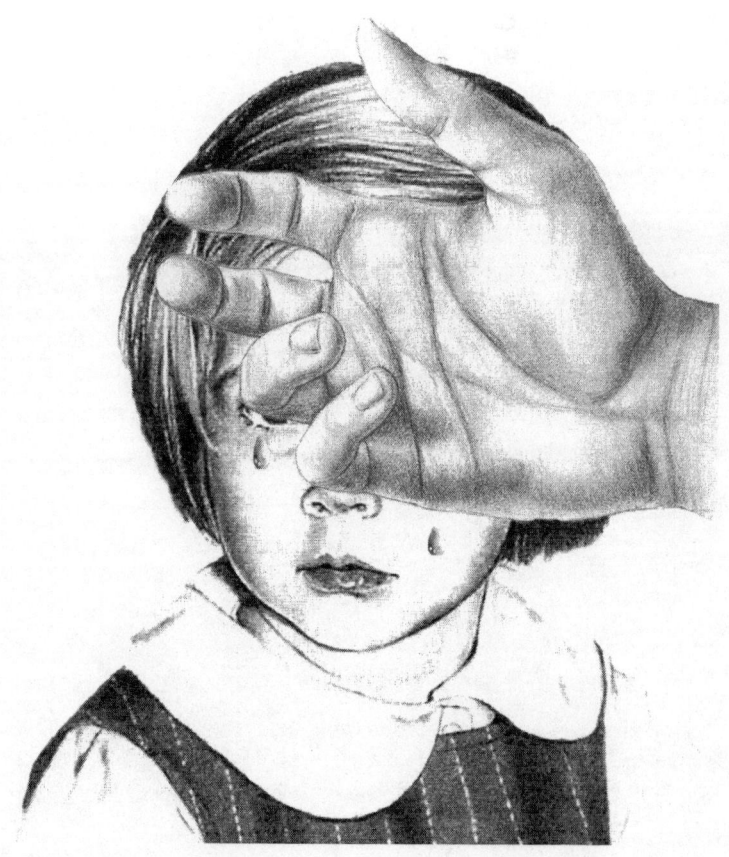

Oder weil du ihr
seitdem sie das Licht der Welt erblickte
das Licht nahmst
dem kleinen Mädchen
die Leichtigkeit des Herzens nahmst
dem Engel die Freude nahmst
ja, weil du
Malak[11] von klein auf das Leben in Frieden nahmst?

[11] Weiblicher Vorname, arabisch für *Engel*. Die 14-jährige Malak al-Khatib wurde am 31.12.2014 auf dem Heimweg von der Schule von der israelischen Armee festgenommen, weil sie einen Stein aufhob. Sie wurde nach sechs Wochen Haft vorzeitig freigelassen.

ملاك، الملاك الصغير

ملاك هي أصغر سجينة
ابعدت عن أهلها في الصغر
صغيرة لم تمشي طريق المدرسة
صغيرة في السجن ترمى لأن إسرائيل فى ذلك عدلا ترى
أي عدل؟
عدل من الباطل حقا جعل
روح الطفولة في السجن ترمى
وبالباطل اسرائيل ديمقراطية تسمى
ملاك منعت الحرية
وحرمت الطفولة
منعت أن تحتضن لعبتها الصوفية
ومنعت قبلة أبوية
منعت اللعب مع أقرانها
وأن تنعم بطفولتها وبالحرية
لأنها حملت حجرا باليد؟
لأنها حملت حجرا باليد؟
أو لأنك منعت نور الشمس عنها
وأخذت من قلبها الهنية
وحرمتها السعادة
ولأنك منذ الولادة حرمتها أن تعرف معنى السلام والحرية

Von Randnotizen und Schlagzeilen

Teil 1: Eine Randnotiz

Wenn Gotteshäuser brennen,
bleibt es still auf den Straßen,
keiner solidarisiert sich mit Muslimen,
steht nichts geschrieben in den Tagesblättern,
keiner warnt vor Islamfeindlichkeit in der Gesellschaft,
bleibt es still im Parlament,
Moscheebrand übersehen, überhört, ist uns fremd.

Teil 2: 100 Schlagzeilen

Wenn Israel kritisiert wird,
für seine Verbrechen an einem Volk
für seine Missachtung des humanitären Völkerrrechts
für einen Genozid in Gaza,
dann erscheinen 100 Schlagzeilen,
die Antisemitismus anklagen.

***

Wann erhalten die Betroffenen Beistand,
wann die Verantwortlichen eine Anklage?
Wann wird aus der Randnotiz in Deutschland
eine aufklärende Schlagzeile?

عناوين وهوامش

الجزء الأول: ملاحظة على الهامش

عندما تُحرق دور العبادة، يُطبق الصمت على المكان
ولا تضامن مع الإسلام
لا الصحف عنها تكتب ولا يهم الخبر إنسان
وفي البرلمان، تجاهل تام

الجزء الثاني: العناوين الرئيسية

إذا انتقدت إسرائيل
على جرائمها في حق شعب فلسطين
على تجاهلها لكل قوانين السلام
على إبادة غزة وقتل الآلاف
تظهر مئات العناوين في الصحف والبرامج الإخبارية
تدين معاداة إسرائيل ويصبح النقد معاداة للسامية

***

متى يتغير هذا الوضع
ويعاقب المذنب على كل جرم
متى تصبح الهوامش في إعلام ألمانيا عناوين رئيسية؟

Terroralarm

Sie wappnen sich mit Panzern
aber nennen es Terroralarm.

Sie bauen Siegestürme auf unseren Schultern
und graben Löcher in unsere Existenz für ihre Pipelines.

Sie definieren Demokratie und Recht
scheren sich aber nicht darum, wenn Unterdrückung herrscht.

Sie wollen unsere Vorbilder sein
aber kämpfen gegen uns statt an unserer Seite.

Denn es ist kein Geheimnis:
Öl zieht Verbrechen magnetisch an.

حالة التأهب ضد الإرهاب

تُسلح نفسك بالدبابات
وتسميها حالة التأهب ضد الإرهاب
تبني أبراج النصر على أكتافنا
وتحفر خطوط أنابيبك في قلب وجودنا
تُعرّف الديمقراطية والقانون
وتراقب في جمود وتتجاهل مصيرنا
تريد أن تكون مثلا وقدوة لنا
وتحاربنا بدلا من أن تحارب معنا
وماهو بسر
فالنفط يجذب المجرمين
كما يجذب المغناطيس الحديد

Ich soll verurteilen, was geschah!

was geschah[12]
soll ich verurteilen
weil zwei riefen „im Namen von Allah"

was geschah
soll ich verurteilen
weil sie mit der Tat verbinden den Islam

was geschah
soll ich verurteilen
weil sie mich zwingen, nicht weil ich es mag

was geschah
soll ich verurteilen
doch kann ich genauso wenig wie sie für diese Tat

was geschah
soll ich verurteilen
doch tu ich es, fühlen sie sich besser danach?

was geschah
soll ich verurteilen
doch tu ich es, lassen sie dann den Generalverdacht?

was geschah
soll ich verurteilen
mit dem Hashtag #jesuischarlie, was ist mit #jesuisahmed?

يجب أن أدين ما حدث

يجب أن أدين ما حدث
لأن اثنين باسم الله صاحوا
يجب ان أدين ما حدث
لأنك الإرهاب بالإسلام خلطت
يجب ان أدين ما حدث
ليس رغبة مني ولكنه جبر
يجب أن أدين ما حدث
رغم أن الإرهاب لا دين له
يجب أن أدين ما حدث
وان فعلت هل تحس بالرضا؟
يجب أن أدين ما حدث
وان فعلت هل ينتهي هذا الظلم؟
يجب أن أدين ما حدث
عذرا فرنسا ماذا عن عذرا يا حمد؟
سأدين الإرهاب دوما
والإرهاب ليس شارلي ابيدو وأبراج أمريكا فقط
بل هو العنف أيضا طمعا في الكراسي وفي ثروات بلدان تحتل
ويصبح للإرهاب إسما جديدا وهو نشر القيم
فمالي لا أرى العالم يدين ما حدث؟

nein,
ich verurteile was geschah
weil ich als Mensch gegen jeden Akt von Terror bin
doch Terror ist nicht nur *Charlie Hebdo* und *9/11*
sondern auch Gewalt aus Gier nach Macht
wenn manch' ein Präsident
sich hinter Befreiungskriegen versteckt und lacht
aber die Welt nicht verurteilt
was geschah.

[12] Paris, 7.1.2015.

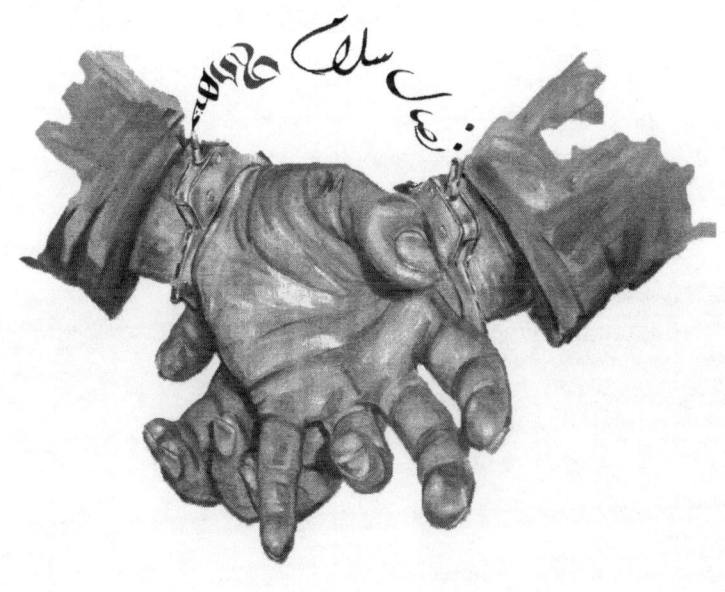

Mensch, es wird Zeit!

Mehrere Moscheebrände
und auf lange Sicht kein Ende?

Der Mensch geht in sich:
"Es muss ein Ende geben"
ruft er außer sich.
Und beendet seine Rede:
"Ein Ende mit dem Islamhass!
Ein Ende mit dem Terror des IS!
Ein Ende mit dem Flächenbrand in Nahost!
Ein Ende mit dem Moscheebrand in Deutschland!"

Der Mensch geht ein zweites Mal in sich:
"Es muss einen Anfang geben"
ruft er außer sich.
Und fängt seine Rede an:
"Ich bin ein Christ, wenn Christen im Irak vertrieben werden.
Ich bin ein Jude, wenn Juden verpönt werden.
Ich bin ein Muslim, wenn Moscheen angegriffen werden."

Mensch,
es wird Zeit
Zeit, einander anzusehen.
Mensch,
es wird Zeit
Zeit, füreinander einzustehen.

حان الوقت

مساجد تحرق
ولا علامة تشير أن لهذا نهاية
يصرخ الإنسان لابد من نهاية
لابد من وضع حد لهذه العداوة
حدا لإرهاب داعش
حدا للحرب في شرقنا
وحدا لحرق المساجد في ألمانيا
يقول الإنسان وينادي
انا مسيحي عندما يهجر المسيح من العراق
انا يهودي عندما يطرد اليهود من الديار
انا مسلم عندما تصبح المساجد عرضة للدمار
لقد حان الوقت
لنكون يدا واحدة
لقد حان الوقت
لنكون جمعا لا فرادى

Hoffnungsschimmer

Du bist baden gegangen
und ich wartete am Strand
hielt Ausschau nach dir.
Flut und Ebbe wechselten sich ab,
doch du kehrtest nicht wieder
und ich sorgte mich,
dachte du hälst des Meeres Wellen nicht stand
und so stand ich
mit dem Fernglas in der Hand
und plötzlich erkannte ich dich
dort,
wo die Sonne das Meer küsste
und ich wusste,
du bist es, der am Horizont lächelt
und noch schimmert –

mein Hoffnungsschimmer.

بصيص من الأمل

ذهبت لتسبح
وبقيت انا على الشاطئ انتظر
أراقبك
بين تبادل المد والجزر
ولكنك لم تعد
وراودني القلق
اعتقدت أنك لا تستطيع أن توقف موج البحر
وقفت بمنظار في اليد
وفجأة رأيتك
هناك،
حيث تقبل الشمس البحر
وكنت أعرف أنك أنت من يبتسم في الأفق
أنت يا بصيص الأمل

Himmelgrün

Farbenblind sind sie,
sehen nur schwarz und weiß,
sehen was ich nicht bin,
doch nicht welche Werte ich preis.
Und so sitze ich nun hier ohne Stift und Papier
träumend in Gedanken,
die Friedenszeilen schreiben in den Himmel über mir.
Grüne Blätter fallen von der Baumkrone,
unter der ich sitz'
kristallblaue Tränen fallen aus den Augenwinkeln
entlang meines Gesichts.

Warum sind sie überzeugt, sie wüssten mehr über mich,
als dass ich von mir weiß?
Warum missfällt ihnen mein Kleidungsstil
und warum löst mein Name Chaos in ihrer Anwesenheit
aus?
Wer ich tatsächlich bin, kümmert sie nicht, denn
sie sehen mich als Außenseiterin, als Muslimin und als Frau.
Muss das alles sein,
dass ich mir die Finger verbrenne,
wenn ich meine Hand reich' ?

Mein Blick schweift nach oben
zwischen dem grünen Kleid des Baumes schimmert das Blau
das Blau des Himmels vermengt sich mit dem Grün des
Baums
und in diesem Moment wünscht' ich
diese Annäherung gebe es auch
zwischen mir und zwischen ihnen,
zwischen Muslimen und Nicht-Muslimen.

مقتطفات من أمل بلون السماء

تعاني من عمى الألوان ولا تبصر إلا الأبيض والأسود ألوان
وترى فيا أشياء لا وجود لها

وهكذا أجلس ههنا دون ورقة وقلم
حالما في أفكاري
التي في السماء، تخط فوقي جملا عن السلام
وتسقط من شجرة حذوي أوراق خضراء
وتسقط دموع في زرقة الكريستال من زاوية عيني لتهوي على خدي
لماذا تعتقد أنك تعرف عني مالا أعرفه عن نفسي
لماذا لا يورق لك لباسي
ولماذا يحدث إسمي فوضى في المكان؟
لا يعنيك حقا من أكون
فأنت تراني غريبة، امرأة مسلمة.
هل يجب أن يكون هكذا الحال؟
فتحترق أصابعي إذا مددت اليد
أرفع بصري إلى فوق
في لباس الشجرة الأخضر يلمع الأزرق
وتمتزج زرقة السماء مع خضرة الشجر
وفي هذه اللحظة أتمنى
أن يكون بيني وبينهم هذا المزيج
بين المسلم وغيره
أنا لا أرى في هذا عيبا
فلما هم يبتعدون
أرى بصيصا من الأمل
فقد تعلمت منذ الصغر الحكمة
وبحثت في أعماق ديني وملأت منه حفنة من الأمل
أملا أخضرا بلون السماء

Denn wenn ich doch nichts Schlimmes daran sehe,
warum sehen sie rot und wenden sich weg?
Ich aber sehe grünes Licht,
denn wie das Wasser aus dem Brunnen
habe ich meine Weisheit von klein auf geschöpft,
tief gegriffen habe ich in die alte Schatzkiste meiner
Religion
und mein Griff war eine Handvoll Hoffnung,
Hoffnung in der Farbe:
Himmelgrün. [13]

---

[13] Auszug aus "Himmelgrün", verfasst für das Radiofeature von Heike Tauch:
"Himmelgrün. Muslimas in Deutschland", Deutschlandfunk, 2014.

Flüchtling

Ich schrieb Wort an Wort,
an fremdem Ort,
baute Karte an Karte,
aber das Kartenhaus drohte zu fallen,
während die Worte
meine alte Heimat und meine neue wie eine Brücke
verbunden haben
meine Vergangenheit und meine Zukunft
verschmolzen haben.
Ich befand mich in der Mitte unter mir nichts,
unter mir nichts,
zurück konnte ich nicht,
ich war in einem Nirgendwo,
gehörte weder hier noch dort hin.
Ich ging weiter,
doch kam nie an.
Ich gab mein Bestes,
doch kam nie an,
man wollte uns nicht, viele blieben unter sich, andere
wagten den Schritt, neue Freunde zu suchen,
ihr Glück aufs Neue zu versuchen.

Und die alte Heimat vergessen?
Nein, das versuchte ich nicht,
ich baute mein Kartenhaus weiter,
schrieb meine Worte
immer weiter, immer mehr, immer schneller,
als würden meine Worte mich retten!
Was für eine traurige Fiktion -
denn ich sah nur noch wie meine Worte sich überschlugen
wie ein Auto, das abhebt,
in der Luft einen Looping macht
und sich überschlägt
und überschlägt
und überschlägt.[14]

---

[14] Auszug aus „Flüchtling".

مقتطفات من رحلة البحث عن الوطن

كتبت الكلمات في مكان غريب
شيدت بيتا من الأوراق يوشك على السقوط
وكانت الكلمات جسرا يربط بين الوطن وبلدي الجديد
مزجت الكلمات، الماضي والمستقبل
وكنت في منتصف الطريق، بلا مأوى
وكان الرجوع مستحيلا
وكنت في شتات فلا أنا من هنا ولا أنا من هناك
واصلت المسير ولم أصل أبدا
بذلت قصار جهدي ولم اصل ابدا
لا أحد يريدنا! وأنطوى منا الكثير في عزلته
وآخرون بحثوا عن صديق جديد
بحثوا عن حظ جديد

وننسى الوطن القديم؟
لا لا أريد أن أنسى الوطن القديم
واصلت بناء بيتي الورقي وكتبت كلماتي
المزيد المزيد
أسرع كما لو كانت الكلمات منفذي الوحيد
ياله من خيال حزين
لم أرى إلا كلماتي تنقلب وتنقلب
كما تنقلب سيارة في حادث مرور
تنقلب وتنقلب وتنقلب

Reise nach Jerusalem

Die Kulisse des Friedens ist perfekt
Politiker werden mit dem Friedensnobelpreis geehrt,
doch in allen Ehren,
wo liegt hier der Wert?
Wo ist er hin, der Frieden
der in allen Sprachen zum Fremdwort wird?
Mir wird klar, ich muss ihn suchen,
auf die Reise gehen
nach den Menschen suchen,
die den Frieden in sich tragen, ihn leben wollen.
Und so suchte ich diese Menschen
dort.

Dort, wo du die Gassen entlanggehst,
die ins muslimische, christliche und jüdische Viertel führen.
Dort, wo du unseren Propheten näher bist
und die Emotionen deinen Körper überströmen.
Dort stehe ich auf zum Morgengebet
ich überquere die Straße
sehe wie das Damaskus-Tor vor mir steht,
so überwältigend
versetzt es mich fünf Jahrhunderte zurück,
seinen Schatten auf die historischen Mauern werfend
der Anblick sogar noch schöner als im fahlen Tageslicht
und so laufe ich
als wäre ich jemand anderes
zu einer anderen Zeit
als würde ich in Geschichtsbüchern wandeln,
von Seite zu Seite
und Kapitel zu Kapitel.

Ich besinne mich wieder
und beeile mich,
um das Gebet nicht zu verpassen
folge blind meinem Herzen

مقتطفات من رحلة إلى القدس

...

غرباء
وما نحن بغرباء
أشعر أني منك قريبة رغم البعاد
ورغم سخرية الأقدار
أشعر بالقرب منك
أشعر فيك بالأمن والدفى
وأحاول أن أجمعها في داخلي
وأنثرها في الطرقات
أعرف أنها تكفي كل البشر
ولكنها لا تصل كل القلوب

في الأزقة الضيقة
يمرون ببعضهم البعض
كما لو كان الآخر سرابا
ويبرز بعض من الهوية
من وراء الثياب
تلك الثياب التي تخفي أن وراءها إنسان
من ذا الذي ينظر إلى التراب
وفي عينيه نظرات الإرتياب
من هذا الذي ينحني بسرعة في الزقاق
قبل أن يتسنى لي قراءة وجهه

أبحث عمن أحادثه
ولا أجد إلا لغة العيون سبيل
مرتان أو ربما ثلاث
تلمع العيون وكأنها ستروي حكاية عن السلام
حكاية عن الحنين للهدوء والمحبة
حكاية عن الحنين للحياة

...

es führt mich durch Gassen,
die tagsüber überfüllt von Menschen sind.
Meine Augen wandeln von rechts nach links
in dem Labyrinth meiner Gefühle,
doch meine Augen haben nur ein Ziel,
wie das eines Kindes, das seine Mutter sucht.

Gleich würde ich es erreichen,
ein paar Schritte fehlen noch,
gleich würde ich es erreichen,
nur noch durch die letzte Gasse
durch das letzte grüne Metalltor
bewacht von Polizisten
und dann
erreiche ich den Tempelberg.

Ein paar Schritte fehlen noch,
begleitet von Olivenbäumen,
ein paar Schritte noch
bis ich endlich vor dir steh',
Al Aqsa - meine Moschee.

Al Aqsa,
meine Füße berühren langsam deinen roten Teppich
mein Blick schweift zur Decke
ich fühle mich klein
klein und doch beschützt
ich stelle mich in die Reihe, um zwei *Rak'at*[14] zu beten,
voller Demut und Dankbarkeit
hier sein zu dürfen
hier beten zu dürfen
wovon viele nur träumen.

Jerusalem,
du lässt uns alle träumen
lass uns nicht auf ewig träumen
und in unserer Sehnsucht nach dir,
in jedem Land ein Jerusalem errichten,

denn du bist einmalig!

Plötzlich erklingt der *Azan*[15] in meinen Ohren,
ich höre den Gebetsruf,
die Melodie, die die *Ummah*[16] zusammenruft
zum gemeinschaftlichen Gebet.
Keine 10 Zentimeter trennen mich von der Person neben mir
keine 10 Zentimeter von meinem Gegenüber und der Person
hinter mir.
Fremd sind wir uns
und doch nicht fremd
ich fühle die Nähe,
aber welche Ironie?
Ich fühle die Nähe,
fühle Geborgenheit und Wärme
ich versuche sie in mir aufzusaugen,
um sie auf den Straßen zu verteilen
wissend, dass sie für alle Menschen reicht,
aber nicht alle Herzen erreicht.

In den engen Gassen, keine drei Meter breit
laufen sie aneinander vorbei,
als gebe es einander nicht,
nur die Kleidung, die sonst mehr verbirgt
als dass sie offenbart,
zeigt ein bisschen von der Identität,
aber welcher Mensch verbirgt sich dahinter?
Wer ist sie, die auf den Boden blickt?
Ich sehe das Misstrauen in ihrem Blick.
Wer ist er, der sich schnell bewegt?
Doch bevor ich sein Gesicht zu lesen versuche
biegt er in die nächste Gasse um.
Ich suche das Gespräch,
doch nur mit den Augen gelingt es mir,
zwei, vielleicht dreimal

---

[14] *Rak'a* (Einzahl). Arabisch für Gebetsabschnitt.
[15] Auch *Adhan*. Arabisch für Gebetsruf.
[16] Arabisch für Gemeinschaft im Islam.

die Augen glänzen als wären sie bereit eine Geschichte zu
erzählen,
von der Sehnsucht nach Frieden
nach Ruhe und Liebe
von der Sehnsucht nach Leben.

Wie viele wünschten sich hier zu sein
um Stein nach Stein
aus den Mauern zu entfernen
bis die Mauer des Hasses bröckelt
und in sich zusammenfällt?

Wie viele wünschten sich hier zu sein
um Fessel nach Fessel
von den Menschen zu lösen
auf dass sie die Freiheit wieder riechen, schmecken und
fühlen können?

In dem Drang will jeder einzelne die Freiheit schützen
wie Gold unter seinem Kissen
aus Angst, dass sie ihm genommen wird,
will jeder die Freiheit einsperren mit einem Schlüssel.

Jerusalem,
hinter deinen historischen Mauern
sind die drei Weltreligionen zuhause
auf engstem Raum
in der heiligen Stadt
einst vereint,
doch jetzt...?

Kein Märchen aus 1001 Nacht

Letztens fragte mich die Freiheitsstatue:
Was heißt Freiheit?
Da muss wohl was schief gelaufen sein, dachte ich,
wenn die Freiheitstatue ausgerechnet eine Palästinenserin
fragt,
was Freiheit heißt.
Doch die Frage macht Sinn,
weil alles andere, was in ihrem Namen geschieht, keinen
Sinn macht.
Denn jedes Mal, wenn ich die Nummer der Befreiung wähle,
ist sie 24 Stunden
Tag und Nacht
auf dem dünnen Streifen Land
in Nahost
besetzt!

Und nicht nur dort.
Ich spreche nicht von Kleinigkeiten
in Wirklichkeit wechselten sie nur Begrifflichkeiten
von Kasten zu Klasse
von Kolonien zu Besatzung
von Opfer zu Täter -
nur der Krieg bleibt Krieg.
Irak grüßt.
Afghanistan grüßt.
Gaza grüßt immer und immer wieder.

Sie lesen unsere Märchen aus 1001 Nacht
und ich erlebe ihre Verbrechen Tag und Nacht
Verbrechen, die in unseren Gesichtern explodieren
wie Landminen
wie ein Feuerwerk
nur aus roter Farbe
wie eines Malers Werk
aus entstellten Körpern.

مقتطفات من أسطورة من الواقع

...

تقرؤون حكاياتنا من كتاب ألف ليلة وليلة
وأنا أشهدُ جرائمكم كل ليلة
جرائم تنفجر في وجوهنا
كألغام أرضية
أو كألعاب نارية
بلون أحمر فقط
كلوحة رسام من الجثث المنسية
أنتم تجهلون هذا الشعب وإسم البلد
والغرباء لا يفصح لهم عن حب

...

وأبحث عبثا عن الأمن
في خراب الأمس
وفي دمار الغد
وفي أنقاض الأحلام
وفي قصص الندوب
وأسمع الكل يقول:
في نفس واحد مساواة ولا أحد يهتم
قل لي كيف يكون؟
هل تعرف معنى الاحتلال؟

...

أقلدُ علي بابا وأصيح
إفتح الباب وفكّ الحصار
إفتح الباب وفكّ الحصار
إفتح الباب وفكّ الحصار
لكن الباب ما فُتح ولا الحصار قد رُفع
ولا أملكُ سجادًا
كي أطير فوق الجدار إلى القدس
ولست بسندباد البحار ولا يسعني الإبحار
فبحرنا كذلك في حصار
والسلام بعيد جدا كحكايات ألف ليلة وليلة

...

Denn Volk und Land sind ihnen unbekannt
und Unbekannten macht man keine Liebeserklärung.

Und mein Herz macht keine Zufallsbewegung,
es weicht nur ihren Zielen in Gaza aus,
springt vor und zurück
nicht vor Glück
denn sie halten mein Schicksal in der Hand wie einen Joystick.
Und ihre Raketen treffen mich nicht wahllos,
doch wahllos suche ich Sicherheit
in Trümmern von gestern
in Trümmern von morgen
in Trümmern von Träumen
und Geschichten von Narben.
Und ich höre alle sagen:
Egal, Egal und Egalität in einem Atemzug.
Sag mir, wie soll das gehen,
weißt du was Besatzung ist?
Wenn dich nachts eine Spezialeinheit
aus dem Schlaf reißt,
wenn dein Bruder verschwindet und jeder schweigt
wenn du am Checkpoint flehst, damit sie dich durchlassen,
nur um die Hand deines kranken Opas vielleicht zum letzten
Mal zu halten.

Ich hatte mal Flugzeuge im Bauch
wie du auch
doch jetzt fliegen sie über mir, wir
stehen dem Leben im Angesicht
mit ein ganz kleines bisschen Glück
in der Hosentasche.
Doch sie hat Löcher
wie unsere Hauswände
gebaut mit eigenen Händen
damit Bulldozer Spaß dran haben
Arbeit von Jahren
in Sekunden zu beenden.

Ich will vergessen
die alten Bilder
und ich will neue malen, ich will,
doch es fehlen mehr als Zahlen
um das Bild der Taube zu vollenden,
denn sie nehmen mir meinen Pinsel
und auch die weiße Farbe
sie nehmen mir den Boden unter den Füßen
und meine Liebsten aus den Armen.

Ich will vergessen,
halte meinen Kopf, drücke fest zu,
ich will ein Ende von "Ich gegen Du"
ein Ende von "Du gegen Ich"
doch ich find die Delete-Taste nicht.
Denn sie drücken immer wieder auf
Replay - Replay – Replay,
doch ich will nicht mehr Wettrennen spielen
ich will meine Augen schließen
eintauchen in meinen Traum von 1001 Nacht.
Ich mache Ali Baba nach und rufe:
Blockade öffne dich!
Blockade öffne dich!
Blockade öffne dich!
Aber nichts geschieht.
Und ich habe keinen Teppich,
um über die Mauer nach Jerusalem zu fliegen
und ich kann Sindbads Segel nicht setzen,
weil sie meine See blockieren.

Frieden -
du bist so fern wie 1001 Nacht,
weil sie hart dafür arbeiten.
Ihre Arbeit heißt Siedlungsbau
und Siedlungsbau heißt Landraub
und Landraub heißt Machtausbau
und Machtausbau heißt

ich muss raus, raus, raus
hallt es in meinem Kopf.

Und ich sehe mich mitten in der Kampfarena
alle Blicke auf mich
als wäre ich des Guten Gegner,
als wäre ich der Konfliktauslöser.
Und im selben Moment drückt er in Uniform
auf den Auslöser
und ich falle auf die Knie
aufrecht sack ich ein
Wärme spüre ich
Schreie höre ich
ich schwanke, sehe nichts
ich wünschte, es werde Licht
ich wünschte, ich wäre das Licht,
das ihnen die Augen öffnet!

Ich wünschte, dass alle den Zielenden sehen
und die Zielscheibe.
Dass sie nicht Märchen aus 1001 lesen,
sondern UN-Resolutionen.
Dass sie ihnen nicht Geld für Waffen geben
und uns aber verurteilen
und zu Fall bringen.
Ich falle zur Seite, blick' in sein Gesicht
Hand aufs Herz, Blut aus meinem Mund spricht:
Dieses F ist fern!
Dieses F ist fern!
Und ich wünschte, es werde Licht
ich wünschte, ich wäre das Licht,
das ihnen die Augen öffnet!

Ich sehe mein Leben in Bildern ohne Wendepunkt
spüre aber den wunden Punkt
links, mein wundes Herz
hört auf zu schlagen

meine letzten Atemzüge
und ich will noch sagen:
Lasst die Tauben fliegen.
Lasst uns leben.
Gebt uns Frieden.
Und ich will noch sagen:
Lest meine Worte übersetzt in allen Sprachen
Worte von gestern und von den letzten 5, 10, 50, 68 Jahren,
hört, was wir Palästinenser sagen
wie wir das Ende der Besatzung rufen
Heim suchen
Frieden suchen
euch suchen!

Zu spät.
Ich verblute, weil Blut stärker ist
als blaue Tinte.

Wir Palästinenser sind Menschen

Es gibt Freunde und Feinde.
Es gibt Opfer und Täter.
Es gibt Schwarz und Weiß.
Es gibt Wahrheit und Lüge.
Aber über all das steht: das Menschliche.
- Wir Palästinenser sind Menschen.

Wir seien Nazis
mit unseren antisemitischen Parolen
die wir laut rufen würden
auf unseren Demonstrationen.
Dabei wird vergessen,
dass wir doch selber Semiten sind.
Dabei wird übersehen,
dass doch Juden auf unserer Seite sind,
die Flagge Palästinas in der Hand
Zionismus ungleich Judentum steht auf meinem und
ihrem Plakat.
Und sie protestieren mit uns Schritt für Schritt
gegen das Morden durch Israel
gegen das Morden durch Israel
ja, gegen das Morden durch Israel
vor den Augen der Welt,
doch die Welt hält
Winterschlaf seit über 67 Jahren.
Seit über 67 Jahren
versuche ich dich,
Deutschland,
zu wecken.
Doch du stellst eher Fragen,
ob ich zu dir gehöre oder nicht,
ob ich ein Muslim wäre oder ein versteckter Terrorist,
ob ich Deutsche sein darf oder für immer eine Ausländerin
bin
nur weil meine Eltern aus Ländern

مقتطفات من أشهد أن بشر

...

منذ أكثر من سبع وستين عاما
أحاول إيقاظك
لكنك تسألني إن كنت منك أم عليك
تسألني إن كنت مسلمة أم إرهابية في ثوب حمل
تسألني إن حق لي الإنتساب إليك
أم أنا الأجنبية للأبد
لأن لي أجدادا في عدة دول

وأعرف أن ديني يربكك
لأن لي دينا أتبعه
شيء أنت دون شك فاقده
وأعرف أن المجهول يخيفك
ولهذا تراني أمد لك اليد
ليذهب هذا الخوف والهلع
فأنت لي قبل كل شيء بشر

...

أفتح عينك
أمسك لك بمرآة
وأقدم لك نفسي
هل رأيت أنك إنسان؟
هل رأيت أني إنسان؟
من لحم ودم
بيد أن في الداخل زلزال
غضب يلتهب وحرقة في العين
لأن غزة تحترق
لأن وطني يحترق
لأن المنازل تحترق
لأن أجساد الفلسطينيين تحترق
مرة أخرى، مرارا وتكرارا
ولكن لا حكم

sind, die du nicht kennst -
außer aus dem Urlaub
oder auf dem Mittagstisch.

Deutschland -
und ich weiß meine Religion verwirrt dich,
weil ich religiös bin, doch du vielleicht nicht so ganz
und ich weiß, Unbekanntes macht Angst,
aber ich will sie dir nehmen
reiche dir meine Hand.
Denn für mich bist du in erster Linie: Mensch.
Mensch, man muss kein Muslim sein,
um das Unrecht gegen die Palästinenser zu erkennen,
Mensch, öffne die Augen
ich will keine kleine Spende,
wenn ich dir meine Hand öffne,
Mensch, öffne die Augen
ich halte dir einen Spiegel vor,
stelle mich vor dich.
Siehst du wie Mensch du bist?
Siehst du wie Mensch ich bin?
Aus Fleisch und Blut am Leben,
doch innerlich am Beben
Wut entflammt und meine Augen brennen,
weil Gaza brennt,
weil meine Heimat brennt,
weil Häuser brennen,
weil Körper der Palästinenser brennen
aufs Neue immer und immer wieder!
Doch es gibt keinen Schiedsrichter,
keinen Halt,
keinen Feuerlöscher zur Hand,
denn niemand reicht uns die Hand.
Unsere Hand bleibt ausgestreckt in der Luft,
erwidert wird nicht unser Hilferuf.
Lieber reicht man Israel neue U-Boote, Waffen und Geld,
eine Finanzspritze für den Mächtigen

والأمر لا ينتهي
ولا طفايات حريق في اليد
فلا أحد يمد لنا اليد
وتضل أيدينا ممتدة في الهواء
ولا يسمع لنا نداء
فالأولى بالعون إسرائيل
غواصات وأسلحة وأموال
ومساعدات للجناة
وتبقى الضحية منسية
لو ضلت على قيد الحياة

لم يبقى إلا الأنقاض
وبعض الأسفلت الأحمر
والطرقات المدمرة
والصدمة
لم يبقى إلا الأكفان البيضاء
والأحلام المحطمة
مدارس فارغة
وكل يوم تعد الموتى
تعد الموتى
تعد الموتى
ولكن لا تنسى أنهم بشر
نعم هذه الأرقام لأرواح بشر
نحن الفلسطينيون، نحن بشر
لا تختزلني في كلمتين
حماس وفتح
فنحن الفلسطينيون نحن أيضا بشر

...

und kein bisschen Interesse für die Opfer,
die zurückbleiben,
wenn sie denn überleben.

Zurückbleibt
nur Schutt und Asche
roter Asphalt
zerstörte Straßen
Traumata
weiße Leichentücher
zerplatze Träume
leere Schulen
und jeden Tag aufs Neue:
Zahlen, die Tote zählen.
Zahlen, die Tote zählen
Zahlen, die Tote zählen.
Doch vergiss nicht, dass sie für Menschen stehen
ja, diese Zahlen stehen für Menschen.
Wir Palästinenser sind Menschen
reduziert mich nicht auf die Hamas
reduziert mich nicht auf die Fatah
denn wir Palästinenser sind Menschen!

Wir Palästinenser sind Menschen
wir stehen und kämpfen
im eigenen Land
für das eigene Land
gegen die Besatzermacht.

Wir Palästinenser sind Menschen
wir stehen und kämpfen
für unsere Rechte -
für Menschenrechte.

Wir Palästinenser sind Menschen
wir stehen und kämpfen
für unser Überleben -

für ein bisschen Luft und Liebe.
Denn, wir Palästinenser sind Menschen
wir stehen und kämpfen
und wenn wir noch nicht gestorben sind,
so träumen wir vom Frieden.
Und wenn uns Allah zu sich nimmt,
so träumen unsere Kinder den Traum weiter -
vom Frieden.

القصائد

صبرين الشهبي، صحافية ألمانيّة تونسيّة، من برلين.
انهت تعليمها الإبتدائي والمرحلة الثانويّة في تونس. تحصلت على الإجازة في اللغة والأدب الفرنسي والماجستر في الدراسات الأمريكيّة من جامعة هومبولدت ببرلين، وتعمل كصحافية في مجلة زينث المختصّة بالشرق الأوسط والعالم الإسلامي، ولديها شغف كبير بالصحافة السياسيّة والشعر.

زينب أ. حمّود، ١٧ سنة من برلين، تدرس الهندسة المعماريّة في جامعة الفن ببرلين. إلى جانب الرسم المعماري تهتمّ زينب بتصميم الأزياء والموضة النسائيّة العصريّة ذات الطابع الإسلامي أو غيرها .

فاتن الدبّاس فلسطينيّة الأصل، ولدت عام ١٩٩٠ في مدينة بيرمازنس وتعيش في مدينة برلين .

متحصلة على الإجازة في العلوم السياسيّة والإدارة والقانون العام والماجستر في العلوم السياسيّة من جامعة بوتسدام.

عملت فاتن الدبّاس بجانب دراستها في مركز التدريب الدبلوماسي للعلاقات العامّة التابع لوزارة الخارجيّة الألمانيّة .

في إطار المسابقات الشّعريّة، تُشارك فاتن منذ عام ٢٠١٢ في العديد من الفعاليّات كمتسابقة أو كضيفة شرف في عدّة مدن ألمانيّة .

تتناول مواضيع النّصوص التي أكتبُها غالباً رؤية شخصية ذات طابع نقدي للمواضيع السياسيّة والاجتماعيّة. كما ينال الصراع في الشرق الأوسط وانعكاساته الحاليّة في ألمانيا النصيب الأكبر من كتاباتي، فهو بالنسبة للكثير عبارة عن موضوع سياسي بحت أمّا بالنسبة لي فهو أمرٌ خاصٌّ .

لم أرى بلدي فلسطين حتى عام ٢٠١٢، قبلها لم أعرف عنه شيئاً إلّا ما كان يقصّه لي جدّي من قصص وماكنت أقراه من أعمال لمحمود درويش. وقد كان محمود درويش ملهمي الأوّل وتأثّرتُ بأسلوبه الرائع في الكتابة فمنه تعلّمت حبّ الوطن والكتابة معاً . يندمج في كتاباتي الخيال مع الواقع في بعضهما البعض، وتضمحل الحدود بين سطوري، لتتشكل بدلاً منها صوراً تجمع بين طيّاتها، الواقع واللهفة، لهفةً إلى التفاهم والعدل والحريّة والسّلام .

المحتوى

إفتح الباب وفك الحصار	١١
بلد الغد	١٣
حنين للوطن	١٥
وقت الحلم	١٧
الأساطير	١٩
نور، جنين، سعيد، أمل وخليل	٢١
تحية من قلب محتل	٢٣
أصرخ/أكتب حرية	٢٥
نحن الشعراء	٢٧
غزة	٢٩
طعم الوطن	٣١
يجب أن تنسى	٣٣
مقتطفات من الحنين	٣٥
جمال حزين	٣٩
هنا يجب أن يطير الحمام	٤٣
عقاب جماعي	٤٥
قيود الماضي	٤٧
لا نملك شيئًا	٤٩
الأقوياء لا يبكون	٥١
ملاك، الملاك الصغير	٥٥
عناوين وهوامش	٥٧
حالة التأهب ضد الإرهاب	٥٩
يجب أن أدين ما حدث	٦١
حان الوقت	٦٥
بصيص من الأمل	٦٧
أمل بلون السماء	٦٩
رحلة البحث عن وطن	٧٣
مقتطفات من رحلة إلى القدس	٧٥
مقتطفات من أسطورة من الواقع	٨١
مقتطفات من أشهد أن بشر	٨٧

أسطورة من الواقع

فاتن الدباس

ترجمة: صبرين الشهبي
صور: زينب حمود

دار كوسميك للطباعة والنشر
طبعة ١ - ٢٠١٦
طبعة ٢ - ٢٠١٧

أسطورة من الواقع